Barbara Wenzel-Winter

Tabuthema Wechseljahre - Ein Erfahrungsbericht

Barbara Wenzel-Winter

Tabuthema Wechseljahre

Ein Erfahrungsbericht

Bibliographische Information Der Deutschen Bibliothek: Die Deutsche Bibliothek verzeichnet diese Publi-
kation in der Deutschen Nationalbibliographie; de-
taillierte bibliographische Daten sind im Internet über
<http://dnb.ddb.de> abrufbar.

Satz & Layout: Maxi Winter und Barbara Wenzel-Winter
Umschlagzeichnung: Barbara Wenzel-Winter
Herstellung & Verlag: Books on Demand GmbH, Norderstedt
Printed in Germany

ISBN
978-3-8370-4426-3

INHALT

PERSÖNLICHES...

- Ich bin Jahrgang 1948

- gelernte Damenschneiderin und Modedesignerin

- heute Managerin meines Familien-Haushalts, genannt Hausfrau

- Malerin

- nebenbei habe ich (noch nicht sehr lange) schriftstellerische Ambitionen

- einen 18jährigen, Sohn ...

- eine 23jährige Tochter, die Biologie studiert

- und bin seit 1982 verheiratet

VORWORT

Seit einigen Jahren habe ich eine Website mit dem Titel „Gedanken zum Klimakterium", auf der ich meine Erlebnisse in und mit den Wechseljahren schildere. Diese Seite erfreut sich eines regen Besuchs und großer Anteilnahme. Ich habe mich nun dazu entschlossen meinen Erfahrungsbericht auch in Buchform herauszugeben, unter dem Titel: Tabuthema Wechseljahre. Ich widme dies Buch all jenen, die nicht zufrieden sind mit allzu blauäugigen Publikationen übers Klimakterium. Ich finde, es mussten ein paar Dinge klargestellt werden und überhaupt erst einmal gesagt werden. Wohlgemerkt, es ist mein Weg durch die Wechseljahre, den ich beschreibe und es ist nicht gesagt, dass jede Frau diesen ungewöhnlich schweren Weg gehen muss oder wird. Dieser zum Teil sehr steinige Weg allerdings, hat mich jedoch erst dazu gebracht zu bemerken, was in Punkto Menschlichkeit in unserem westlichen System sehr zu wünschen übrig lässt und was dringend der Änderung bedarf.

Durch diese Zeit kommen wir Frauen irgendwie alle, die Frage ist eben nur auf welche Art, ob versteckt, verschämt oder offen und selbstbewusst. Ich hoffe, mit meinem Buch zu mehr Offenheit beigetragen zu haben.

„Gedanken zum Klimakterium"
befindet sich innerhalb meiner Website:
www.kunstgalerie-barbara.de

eM@il-Adresse:
Barbara.Wenzel-Winter@t-online.de

MENSCH UND SEELE HINTER DEN STATISTIKEN

Ich hätte gern, ich muss es ganz ehrlich sagen, in meiner vorklimakterischen Zeit mehr Informationen über die sogenannten Wechseljahre bekommen. Mit anderen Worten, ich hätte gerne von älteren Frauen, von Frauen also, die diese Zeit schon bewältigt haben oder gerade dabei sind, sie zu bewältigen, mehr darüber erfahren.

Gut, ich hatte eine Mutter, die so um die Fünfzig herum mit Hitzewallungen zu kämpfen hatte. Aber sie hat sich darüber hinaus mit keinem Wort über ihre Gedanken, über ihre seelischen Nöte bezüglich dessen, was da mit ihr passierte, was sie zu erleiden hatte, geäußert. Diese Wechseljahre müssen und mussten etwas sein, über das Frau nicht spricht. Ich hätte auch gerne von meiner Schwester erfahren, die 14 Jahre älter ist als ich, und somit bereits 14 Jahre vor mir mit diesem Thema konfrontiert wurde, auf welche Art und Weise sie diese Zeit erlebt hat. Dies Thema wurde sowohl in unserer Familie als auch in unser näheren Bekannschaft totgeschwiegen und wird auch im Grunde in unserer heutigen Gesellschaft immer noch nicht zur Kenntnis genommen. Natürlich habe ich so einige Bücher über dieses Thema gelesen, aber auch in ihnen nicht das gefunden, was ich suchte: den Mensch und die Seele hinter den Statistiken und Aufzählungen von Befindlichkeitsstörungen.

Ich darf in diesem Zusammenhang nicht vergessen zu erwähnen, dass ich zu dem angeblich niedrigem Prozentsatz (ca. 20%) von Frauen gehöre, die es arg mit Wechseljahresbeschwerden getroffen haben. Nirgendwo stand in diesen Büchern oder Publikationen, wie Frauen, wenn sie denn mit starken Hitzewallungen oder seelischen Beschwerden gebeutelt werden, damit umgehen sollen. Ich nehme keine Hormonpräperate, um die meisten Wechseljahressymptome verschwinden zu lassen, also weiterhin pflegeleicht für meine Umwelt zu bleiben. Die gesundheitlichen Nebenwirkungen sind mir zu groß.

Fehlender Gedakenaustausch
mit meiner Mutter

In der Zeit nach der Geburt meines Sohnes, den ich mit 41 Jahren bekam, beschäftigten mich die Wechseljahre sehr. Ich sammelte Broschüren darüber, die bei meiner Frauenärztin auslagen. Ich sammelte also Wissen über die Zeit an, die mich demnächst erwartete, denn ich wollte nicht unvorbereitet sein.

In diesen Broschüren und Publikationen stand mit unvergleichlich herunterspielendem Optimismus wie "Frau" mit dieser Zeit umzugehen hat, wie alles doch leicht in den Griff zu bekommen sei mit sportlicher Betätigung, gesunder Ernährung und positiven Gedanken. Dann sei es eine Zeit, die man mühelos bewältigen könne, die im Fluge an einem vorbei ginge, ohne sie großartig zur Kenntnis nehmen zu müssen. Die unangenehmen Begleitumstände, wie Hitzewallungen etc., wurden nur beiläufig erwähnt. Sie spielten keine große Rolle in der so pflegeleichten Übergangszeit, die "Frau" wie gesagt ohne Probleme durchstehen könne. Nichts stand in diesen Broschüren von seelischen Nöten, Belastungen, ganz zu schweigen von starken körperlichen Beschwerden.

Mit dieser, im Großen und Ganzen, optimistischen Einstellung marschierte ich in diese Zeit hinein. Natürlich hatte ich die Hitzewallungen meiner Mutter im Hinterkopf und auch, dass dieser Umbruch bei ihr nicht so ganz problemlos von statten gegeangen sein musste, aber ich dachte dennoch: „Mutter ist Mutter und ich bin eben ich." Ein gedanklicher Austausch der Gefühle mit ihr hatte seinerzeit nicht statt gefunden. Sie hatte sich lediglich in Andeutungen über das geäußert, was sie vermutlich erleiden musste. Ich muss zu meiner Schande gestehen, es hätte mich auch seinerzeit nicht sonderlich interessiert. Heute, wo sie schon fast zwanzig Jahre nicht mehr lebt, könnte ich eine gedankliche Unterstützung ihrerseits sehr gut gebrauchen.

Meine Mutter war keine schweigsame Frau, nein, ganz gewiss nicht, sie war sehr extrovertiert und allen möglichen Themen gegenüber aufgeschloßen, jedoch war das Thema Wechseljahre für sie tabu.

MIR WAR ÜBERHAUPT NICHT KLAR, WAS MIT MIR LOS WAR

Richtig begonnen haben meine Wechseljahre vor sieben Jahre. Allerdings bemerkte ich zunächst gar nicht, dass das, was ich da spürte, mit den Wechseljahren zu tun hatte. Ich bekam Angstzustände, die sich zunächst am Körperlichen festmachten. Ich fühlte seit einiger Zeit ein Spannen in den Brüsten, was einher ging mit Wassereinlagerungen und Verdickungen, die jedoch bis zum Abend wieder verschwanden. Diese Zustände beunruhigten mich zunehmend, machten mir Angst bis hin zur Panik, ich konnte sie nicht so recht einordnen. Meine Monatsblutungen hatte ich noch, wenn auch recht unregelmäßig. Monate lagen zwischen ihren Auftritten. Es ging mir ansonsten recht gut. Ich hatte Kraft und Energie genug, um den Haushalt samt Kindern und drei Urlaube pro Jahr nach Dänemark zu managen. Hitzewallungen hatte ich keine, auch keine Schweißausbrüche. Im Grunde dachte ich, in meinem grenzenlosen Optimismus, das wär's, das wäre nun also das, was man Wechseljahre nennt. Acht Jahre zuvor hatten mich, ohne dass ich wusste, was es war, ein paar Monate seltsame alarmierende Symptome im Griff. Ich fühlte mich schlapp, mir war allgemein zu warm, zu heiß. Ich schob es auf den extrem heißen Sommer. Es fühlte sich ähnlich an wie bei meinen Schwangerschaften: eine Temperatur, kurz unterhalb der 37°C. Für eine Schwangerschaft völlig normal, aber ich war nicht schwanger. Also, was sollte das!?!?

Die Temperatur blieb wenigstens nur tagsüber hoch, am Spätnachmittag bekam ich dann heftigste Dauer-Schweißausbrüche und am Abend ging es mir wieder ein wenig besser. Am nächsten Vormittag ging die Tortour wieder von vorne los. Später kamen Herzrasen, Panikattacken und Angstzuständen hinzu.

Mir war überhaupt nicht klar, was los war. Ich bombardierte meine homöopathische Ärztin mit Anrufen. Zusätzlich zu den o.g. Symptomen kamen sehr starke Monatsblutungen, die immer länger dauerten. Zwei Wochen Menstruationsdauer waren keine Seltenheit. Ich blutete wie ein "Schwein", hatte vormittägliche Panikattacken, Angstzustände und war insgesamt viel zu schlapp, um etwas im Haushalt zu tun. Ich kam kaum noch aus meinem Bett heraus, denn mein Energiepegel war auf Null gesunken. Zu jener Zeit war meine Tochter neun Jahre alt und mein Sohn vier. Mein Mann betrachtete meinen Zustand mit zunehmend genervter Verständnislosigkeit oder distanziertem Entsetzen. Meine Kinder überließ ich größtenteils sich selbst.

Obwohl in homöopathischer Behandlung, fühlte ich mich entsetzlich allein gelassen, denn kein Mittel half wirklich. Ja, ich wurde von meiner Ärztin ganz sicher als hysterisch eingestuft, denn ich wollte rausbekommen, was da los war mit mir. Ich wollte wieder ein normales Leben führen. Ich bin nun nicht gerade ein humorloser Mensch, ganz im Gegenteil, aber während dieses Sommers verließ mich mein Humor und auch meine ganze Zuversicht. Ich war und blieb völlig verunsichert. Bis zum Herbst. Bis zu meinem sechsundvierzigsten Geburtstag, den ich im Bett verbrachte.

Nach und nach verschwanden alle Symptome, dieser Horror, der mich da überfallen hatte. Ich hatte mich endlich zum Gynäkologen getraut, um mich untersuchen zu lassen. Er hatte selbstverständlich und Gott sei Dank nichts "Ernsthaftes" gefunden. Auch er erwähnte die Wechseljahre nur am Rande, fast beiläufig. Von meinen seelischen Problemen wagte ich ihm erst gar nichts zu schildern. Ich glaubte zu recht, ihm damit nicht kommen zu können. Mein Instinkt hielt mich wohl davon ab, richtig auszupacken. Außerdem war ich, muss ich sagen, durch diese massiven, sehr beeinträchtigenden Zustände, völlig eingeschüchtert.

Der Herbst ging ins Land und der Spuk war vorbei. Jedoch der Schock, den ich da bekommen hatte, saß tief. Ich versuchte ihn in der Psychotherapie zu bewältigen, die ich begonnen hatte, versuchte mein Selbstbewusstsein zu erneuern, Dinge aus meiner Vergangenheit zu bearbeiten, abzuarbeiten, mich seelisch etwas freizuschaufeln. Ich hatte es bitter nötig, wie ich bemerkte, war so in der Tretmühle drin, relativ kleine Kinder, Haushalt, Mann, uralter kranker, pflegebedürftiger Kater, dass ich nicht bemerkte, wie weit ich mich von mir selbst, meinen Bedürfnissen und meinen Empfindungen entfernte. Mein Körper und die Phase, in der ich mich befand, forderten, zur Kenntnis genommen zu werden, was ich nicht wollte.

Nun muss ich erwähnen, dass ich eben zu einer Generation gehöre, zu den sogenannten "68ern", die glaubte, Kraft ihrer Gedanken und Ideen, die Dinge anders ablaufen lassen zu können, als bei den Generationen zuvor. Vor allem unsere Vater-

und Muttergeration war uns ein Greuel, gegen die man anstinken musste.

Alles musste neu erfunden werden, dazu gehörte selbstverständlich das Kinderkriegen, die Kindererziehung, das Älterwerden, das nicht wirklich stattfinden darf, da man ja ewig fit bleiben kann! Auch das Klimakterium gehörte dazu. „Alles kriegen wir in den Griff, alles wird so wie nie dagewesen.

Es traf mich unvorbereitet wie ein Hammerschlag

Während der Angstzustände, der Panikattacken und der Verunsicherung, überfiel mich auch noch zusätzlich eine tiefe Trauer. Ich fiel in ein sogenanntes schwarzes Loch und sah keinen Ausweg aus dem, was mich da erfasst hatte. Ich dachte nicht mehr an "Leben", an meine Kinder, die ich zu begleiten, zu erziehen hatte, an die Zukunft, sondern an den Tod, der mir gedanklich viel näher war, als irgend etwas anderes. Dieser Impuls war ungeheuer stark und ich konnte mich dem nicht entziehen. Es war mir eine fürchterliche Last, mich mit meinen Kindern, mit Jugend überhaupt, zu befassen. Das war einfach nicht dran, darüber war ich gedanklich irgendwie plötzlich weit hinaus.

Diese Gefühle, die mich da erfasst hatten, hatten wie alles, was ich erlebte, eine ungeheure Eigendynamik. Ich konnte mich dem nicht entziehen. Ich wollte nur und ausschließlich meine eigenen Gefühle und Bedürfnisse wahrnehmen. Auch noch die Bedürfnisse meines Mannes und die meiner Kinder zu berücksichtigen, schien ein zu großer Spagat für mich zu sein. Ich wollte ganz einfach nur meine Ruhe. Was nicht funktionierte, nicht funktionieren konnte bei zwei sehr fordernden, lebhaften Kindern.

All das, was ich fühlte und durchlebte, war klimakterisches Programm, wie ich heute weiß. Jedoch traf es mich völlig unvorbereitet und darum wie ein Hammerschlag. Zwar hatte ich vom Herbst an psychotherapeutische Unterstützung, aber auch meine damalige Psychotherapeutin wollte nicht so recht zur Kenntniss nehmen, dass dies, was ich da erlebt hatte, vermutlich zu den Wechseljahren gehörte. Ich sprach das Thema vorsichtig, schüchtern an. Sie fegte es mit der Bemerkung beiseite, dies sei erst in etwa zehn Jahren bei mir dran, also "Mitte Fünfzig." Damit war ich plattgebügelt. In dieser Richtung ging es also nicht weiter. Sie hatte mich genau in dem Thema, das mir am meisten am Herzen lag, voll ausgebremst.

ICH GING EIN ZWEITES MAL DURCH DEN SCHEUERSACK

Es sollten noch weitere zehn Jahre ins Land gehen, um etwas mehr zu mir und zu meinen Gefühlen stehen oder mich besser zu begreifen können. Der zweite Scheuersack, durch den ich gehen musste, begann 2001. Wieder bemerkte ich nicht, dass ich mich überforderte. Als wir begannen, in Dänemark unsere Urlaube zu verbringen, fühlte ich mich eigentlich wieder ganz fit, sowohl seelisch als auch körperlich. Gelegentliche Zustände von undefinierbarer Trauer und auch Angstzustände durchlebte ich zwar, brachte ich aber nicht direkt in Verbindung mit dem Klimakterium. Meine Periode hatte ich noch, wenn auch sehr selten. Weiter fehlte mir nichts und so steigerte ich das, was ich glaubte, täglich/monatlich leisten zu müssen und deshalb erhöhten sich unsere Dänemarkurlaube auf drei Mal im Jahr und damit auch der damit einhergehende Stress. Die Sache verselbstständigte sich und wurde zu einem Teufelskreis. Eigentlich hatte ich zu mir selber finden wollen.

Was ich jedoch fand, war erneute Überforderung, die ich selbst verursacht hatte. Anfang '01 merkte ich dann plötzlich, dass mir dann doch nicht mehr alles so leicht fiel. Mir war leider zu diesem Zeitpunkt nicht im Geringsten bewusst, dass ich vor etwas davon lief.

Im Frühjahr bekam ich erneut Angstzustände, dazu Herzklopfen und Herzrasen und vertrug wieder einmal keine Wärme. Ich fühlte mich mit einmal überhaupt nicht mehr leistungsfähig. Im Sommerurlaub in Dänemark spitzte sich die Situation dann zu. Da ich ja schon mit mir selbst nicht im Reinen war, brachte jedes zusätzliche Problem das Fass zum Überlaufen: Die Verwandtschaft unseres Vermieters campierte ungefragt auf unserem Grundstück, der elektrische Herd in unserem gemieteten Ferienhaus gab den Geist mitten in der Arbeit auf und der Kühlschrank machte mit veitstanzähnlichen Sprüngen wegen der Hitze plötzlich schlapp. Einen Tag vor unserer Rückfahrt bekam ich einen Nervenzusammenbruch!

Ich fühlte mich absolut miserabel, machte aber zu Hause weiter wie bisher, unter anderem umfangreiche Fahrradausflüge mit meinen beiden Kindern. Nichts wünschte ich mir sehnlicher, als endlich richtig „abzuschwitzen" zu können, da ich mich seit Monaten in einem Zustand befand, den man am besten als „permanente Hitzewallung" beschreiben kann. Im Herbst wurde mir dieser Wunsch dann erfüllt - ich bekam meine Schweißausbrüche - allerdings zunächst nur nachts, was bewirkte, dass ich nicht mehr durchschlafen konnte, und die Nachtruhe nicht die geringste körperliche und seelische Entlastung brachte. Trotzdem erledigte ich wie gewohnt alles, als hätte sich nichts geändert, was mich, es lässt sich denken, verdammt viel Kraft kostete. Zu meiner allgemeinen desolaten Konstitution kamen die Ereignisse des 11. September hinzu. Dies gab mir endgültig den Rest. Dieser Anschlag traf mich bis ins Mark. Ich fühlte mich jetzt nicht nur meinem eigenen körperlichem Terror ausgeliefert, sondern jetzt auch noch dem Terror möglicher Attentäter.

Anfang Oktober bekam ich zunächst eine Grippe, die zu einer Lungenentzündung wurde, von der ich mich über Monate hinweg nicht erholte.

ICH SCHWITZTE MIR DEN REST MEINER ENERGIE AUS DEM KÖPER

Ich schwitzte mir den Rest meiner Energie aus dem Körper, hatte grauenhafte Panik, war nur noch ein Bündel Unsicherheit. War nichts mehr von dem, was ich mal gewesen war und konnte mich kaum noch auf den Beinen halten. Meine letzten Kräfte mobilisierend, ließ ich mich zu Hause von meiner Feldenkraislehrerin behandeln, um aus der tiefen Verunsicherung ein Stück herauszukommen. Gleichzeitig suchte ich mir eine neue Psychotherapeutin, um irgendwie mit dem allem, was ich da erlebt hatte, klarzukommen, einordnen zu können. Es ging ganz ganz langsam im Schneckentempo wieder aufwärts und Anfang Januar konnte ich schon wieder kleine Spaziergänge mit meinem Mann unternehmen. Was jedoch blieb, war eine allgemeine Energielosigkeit, die mich daran hinderte mein Leben so zu führen, wie ich es gewohnt war.

Heute, einige Jahre nach diesen Ereignissen, ist es immer noch nicht leicht für mich, darüber nachzudenken, geschweige denn zu schreiben, denn die Zeit war extrem schwierig für mich. Ich empfand mich so extrem hilflos, so fürchterlich meinem Körper und seinen Funktionen ausgeliefert, dass es auch heute noch für mich schwer ist, dies zu verkraften. Irgendwie musste ich mich langsam damit anfreunden, im Klimakterium zu sein und zu akzeptieren, dass es mich ganz brutal erwischt hatte. Obwohl es mir körperlich sehr schwer fiel, disziplinierte ich mich so weit, täglich wenigstens eine kurze Zeit in unserem, seit Monaten vernachlässigten Garten zu verbringen, um ihn und mich wieder ganz langsam, peu à peu, auf Vordermann zu bringen.

Ebenfalls im Januar begann ich ganz langsam wieder, allerdings ganz unregelmäßig, Hausarbeit zu machen, mich wieder daran zu gewöhnen. Bis dahin musste meine damals sechzehnjährige Tochter dies tun.

Es gab die bösesten Auseinandersetzungen wegen ganz banaler Dinge, die entstanden, weil es eine völlig neue Situation für meine Familie war, meine bisherigen Aufgaben zu übernehmen. Ein Chaos war entstanden, weil es keine Aufgabenteilung in unserer Familie gegeben hatte, weil ich und ausschließlich ich alleine diejenige gewesen war, die den Haushalt „geschmissen" hatte.

WECHSELJAHRE SIND KEIN THEMA IN UNSERER LEISTUNGSGESELLSCHAFT

Von Januar bis April hatte ich deutlich weniger Schweißattacken. Ich fasste wieder mehr Mut und traute mich, mit der Straßenbahn und mit dem Bus, statt wie bisher mit dem Taxi, zu fahren. Ab April jedoch ging es erneut los und es packte mich wieder eine starke Welle des Schwitzens, die sich so steigerte, dass ich meine eben begonnene Psychotherapie abbrechen musste. Die Schweißausbrüche hinderten mich daran, auch nur einen einzigen klaren Gedanken über meine Körperfunktionen hinaus zu fassen. Mich erfasste eine Stinkwut auf all jene Symptome, die mich so entsetzlich plattlegten. Gleichzeitig versank ich in absoluter Verzweiflung.

Von meiner Tochter ließ ich mir schließlich eine Menge Bücher über das Klimakterium aus der Bibliothek heransschleppen, denn ich wollte endlich alles übers Klimakterium erfahren, was ich nur erfahren konnte. Ich fraß mich widerwillig durch die Bücher, die für mich nichts wirklich Neues brachten. Sie waren voll von den schon bekannten stereotypen Aufzählungen eher harmloser Befindlichkeiten. Zwei Bücher jedoch brachten neue Aspekte.

Von einer amerikanischen Autorin erfuhr ich, dass Ärzte in unserer westlichen Welt klimakterische Beschwerden meist nur sehr schwer oder gar nicht erkennen. Ob sie nicht können oder nicht wollen, vermag ich nicht zu entscheiden, ich tippe eher auf Letzteres, denn das Thema Wechseljahre scheint in unserer westlichen Welt nicht gerade populär zu sein. In diesem Buch kamen endlich die Betroffenen, sprich Frauen in den Wechseljahren selbst zu Wort.

Ich las die Schilderungen einer amerikanischen Juristin, die wegen massiver Kreislaufprobleme und Panikattacken eine Klinik in den USA aufsuchte. Dort wurden ihre Symptome selbstverständlich nicht als das erkannt, was sie waren, nämlich klimakterische Symptome. Ihre mexikanische Haushälterin, weil mit einem anderen ethnischen und sozialem Hintergrund, identifizierte sie sofort als Wechseljahresbeschwerden. Dies zeigt, glaube ich ziemlich deutlich, dass Wechseljahre in unserer westlichen Leistungsgesellschaft irgendwie nicht stattfinden oder nicht stattzufinden haben und wenn, dann nur im Verborgenen.

Des Weiteren las ich von einer deutschen Autorin, einer Wissenschaftsjournalistin, die so ähnlich wie ich selbst, in ihrem Schweiß fast „ersoffen" wäre und zunächst ihren Beruf für ein Jahr hatte aufgeben müssen. Auch diese Frau konnte, so wie ich, Termine außerhalb ihrer Wohnung nur mit großer Mühe wahrnehmen. Sie hielt diesen Zustand ein Jahr tapfer durch, um dann doch zu Hormonen zu greifen.

Ich war nach dieser Lektüre ein klein wenig getröstet, denn ich empfand mich doch nicht ganz allein auf weiter Flur, wie ich es vermutet hatte.

Man will uns Frauen immer noch weismachen, dass uns solche massiven Zustände nicht ereilen würden, wenn wir denn beruflich oder außerberuflich „voll" ausgelastet wären. Dem kann irgendwie nicht sein, denn diese beiden Frauen, von denen ich da gelesen hatte, waren genau wie ich selbst voll ausgelastet. Es hatte sie und mich trotz allem gepackt.

Es scheint also kein Phänomen von „Hausmütterchen" zu sein, die angeblich zu viel Zeit zum Nachdenken haben und sich zu sehr mit ihrem Körper und dessen Funktionen beschäftigen können.

Seelische und körperliche Probleme lassen sicht nicht einfach wegdrücken

Durch Zufall stieß ich im Frühsommer auf eine Methode, sich selbst zu heilen und seine Energien zu aktivieren. Ich suchte schon seit geraumer Zeit etwas über die Homöopathie hinaus, das ich bei und mit mir selbst anwenden konnte. Ich besorgte mir Literatur und fand zunächst das Buch „Heilende Berührung", von Alice Burmeister und Tom Monte. Es handelte von Jin Shin Jyutsu, einer japanischen Methode, die so ähnlich, wie auch die Akupunktur, auf Energieströmen basiert. Ich las zunächst skeptisch und dann immer interessierter.

Zunächst einmal probierte ich aus, was ich da gelesen hatte, nämlich meine Handinnenflächen zu aktivieren, zu strömen. Erstaunlicherweise spürte ich fast sofort ein angenehm warmes Gefühl um meinen Nabel herum, dem Solar Plexus-Gebiet. Es funktionierte also. Ganz traute ich der Sache aber noch nicht. Es brauchte fast ein Jahr, um mich etwas tiefer in die Materie einzuarbeiten. Dann aber spürte ich endlich, wie sich nach täglicher Anwendung mein Allgemeinzustand endlich besserte. Ein Jahr später besorgte ich mir noch ein weiteres Buch über dieses Thema von Ilse-Maria Fahrnow, die sich weitaus intensiver mit dem seelisch-geistigen Aspekt des Jin Shin Jyutsu beschäftigte. Ich versuchte durch Strömen (Handauflegen) meine Angst, meine Unruhe in den Griff zu bekommen. Es klappte, zwar nicht sofort, aber wie gesagt, bei täglicher Anwendung und mit viel viel Geduld.

Ich hatte zwar etwas gesucht, um meine Schweißattacken loszuwerden, hatte jedoch etwas gefunden, dass meiner Seele half, mit meinen Problemen besser fertigzuwerden. Meine Leistungsfähigkeit steigerte sich ganz, ganz langsam und auch das Schwitzen wurde durch die allgemein größere Ruhe auf ein etwas erträglicheres Maß heruntergeschraubt.

Ich hatte das Gefühl, durch Jin Shin Jyutsu ein großen Schritt zu mir selbst gemacht zu haben.

Trotz allem startete ich einige Monate später noch einmal einen Versuch meine Schweißausbrüche „ganz" in den Griff zu bekommen oder besser zu beseitigen. Ich war mal wieder an einem absoluten Tiefpunkt angekommen und suchte mir eine Heilpraktikerin, denn ich hatte endgültig die Schnauze davon voll, so schrecklich energielos und durch das Schwitzen so stark in meiner Mobilität eingeschränkt zu sein. Ich wollte mit aller Gewalt all das loswerden was mich quälte und ich sah die Akupunktur als letzten Versuch an.

Ich wurde also zu Hause von dieser Heilpraktikerin, die sich als Spezialistin für Wechseljahresbeschwerden entpuppte, zunächst zweimal, später dann einmal pro Woche an verschiedenen Stellen mit Nadeln behandelt. Was ich nicht realisierte, bei all dem großen Verlangen aus meiner Misere herauszukommen, ich setzte mich selbst unter Druck, zu sehr unter Druck. Nicht zuletzt auch deswegen, weil ich glaubte, von meiner Umwelt unter Druck gesetzt zu werden. Es war kein offener, aber ein subtiler Druck. Ich hatte den Eindruck das, was mir da widerfährt ist in keinster Weise gesellschaftsfähig. Ich fühlte mich so grenzenlos verlassen, so unglücklich, so traurig, dass ich daran dachte, Schluss zu machen, mir das Leben zu nehmen. Mit Akupunktur setzte ich alles auf eine Karte, was natürlich schief gehen musste. Die Schweißausbrüche ließen zwar nach, aber Trauer und Verzweiflung blieben. Statt der

Schweißausbrüche setzte nun zu hoher Blutdruck ein. Heute ist mir klar, dass man seelische und körperliche Probleme nicht einfach „wegdrücken" kann und auch nicht sollte. Aber ich war so grenzenlos verzweifelt, dass ich es dennoch versuchte.

Wechseljahre – eine Chance zur Änderung

Ich hatte einem der Bücher, die ich über die Wechseljahre gelesen hatte, die Anregung entnommen, dass die Wechseljahre nicht nur eine Zeit des hormonellen Wechsels sein sollten, sondern auch ein Wechsel, eine Änderung dessen sein könnten, was Frau in ihrem Leben als überflüssig empfindet, z.B. Dinge wie Lebensumstände, eigenes Verhalten, etc. ... Vielleicht etwas wegzulassen, was einem nicht mehr entspricht und was zu viel Kraft kostet.

Dies ging mir nicht mehr aus dem Kopf und dies war auch von allem, was ich so gelesen hatte, das Interessanteste, aber auch das am schwersten zu Praktizierende.

Da gab es schon so Einiges, was in meinem Leben seit einiger Zeit nicht gestimmt hatte. Und genau da wollte oder besser musste ich irgendwie ran. Der Dreh- und Angelpunkt war mein „Funktionieren" oder mit anderen Worten, dass rechtzeitige Setzen von Grenzen.

Wollte ich überhaupt noch so reibungslos funktionieren, wie ich das mal getan hatte? Und dann überfordert werden, um mich letztendlich selbst zu überfordern? Diesen Anspruch an mich selbst musste ich irgendwie ändern.

Wechseljahre sind also nicht nur ein Fluch, sie sind auch die Chance zur Änderung. Es war schmerzlich zu erkennen, dass mein Körper mir nicht mehr gehorchte, tat, was er wollte und dass ich mich auf das einstellen musste, was er mir an Kraft zugestand. Ich musste mich ihm und seinen Möglichkeiten anpassen und nicht umgekehrt.

Es ist schwer, zu sich selbst zu stehen, wenn die Phase des Lebens, die ich durchleben musste, als solche nicht oder nur am Rande zur Kenntnis genommen wird und nicht gesellschaftsfähig ist. Ich will, und darum schreibe ich darüber, dass sich dies ändert! Dass wir Frauen zu den so wichtigen biologischen Vorgängen in unserem Körper, in unserer Seele, stehen können. Diese Phase sollte in unserer Gesellschaft nicht als „Nebensache" behandelt werden, als notweniges Übel. Ich will, dass sie als das zur Kenntnis genommen wird, was sie sein könnte, eine Chance mehr zu sich selbst, zu seinen wirklichen Bedürfnissen zu kommen, sich selbst mehr zu respektieren.

Die Reaktion der Männer auf die Wechseljahre der Frau

Ich glaube, Männer fürchten die Wechseljahre der Frau ungeheuer, weil es etwas Irrationales in sich birgt, etwas nicht Berechenbares. Dies Unberechenbare tun Männer gern als „zickig" ab, sie spielen es herunter, entwerten es, um damit umgehen zu können. Nun ist es nicht so, dass Männer keine problematischen Wechseljahre durchmatchen, ihre sind nicht so sehr körperlich, dafür aber wirken sie sich um so mehr seelisch aus.

Wechseljahre sind scheinbar generell ein Reizthema für Männer, ob es sich nun um sie selbst handelt oder um ihre Frauen! Für Männer scheint es sehr wichtig zu sein, reibungslos zu funktionieren, ihren Körper und ihre Seele als eine „gutgeölte Maschine" zu begreifen. Wenn sie nun, mein Mann nicht ausgeschlossen, merken, es „klappt" nicht mehr so mit ihrer Kraft, und spüren, ihre Energie lässt nach, verstärken sie ihre körperlichen Aktivitäten, reagieren rappelig, hysterisch, ja, werden tollkühn. Es treibt sie zu abenteuerlichen Aktivitäten. Sie können es nicht ertragen körperlich nicht mehr so fit zu sein. Sie können sich nicht mit dem veränderten Zustand arrangieren. Sie begreifen nicht oder nur schwer, dass ihre Seele Zeit und Möglichkeit braucht sich den Veränderungen anzupassen. Männer empfinden die Wechseljahre anscheinend nur als eine Bedrohung - sie können die Chance nicht erkennen, die ihnen geboten wird. Auch bei ihnen verändert sich der Hormoncocktail und der Zahn der Zeit beisst zu. Nicht so heftig wie bei Frauen, auch nicht in so rasanter Zeit, aber er beisst dennoch zu. Sie werden auch nicht so dramatisch mit körperlichen Veränderungen konfrontiert wie wir Frauen. Meistens leiden sie auch nicht so massiv unter Hitzewallungen und Schweißausbrüchen, unter Angstzuständen und Depressionen. Und wenn sie es tun, versuchen sie es „wegzudrücken"... Ihr Körper darf eben nicht ungehorsam sein. Wenn doch, wird er mit stärkerer Aktivität bestraft! „Mann" gibt halt nicht gern zu, dass der menschliche Körper nicht ewig perfekt funktionieren kann.

Es hat mich harte Auseinandersetzungen mit meinem Mann gekostet. Er sollte akzeptieren, was mir da widerfahren war. Ich wollte Akzeptanz, Toleranz und bekam sie nicht. War in ständiger Verteidigungshaltung, war verzweifelt und kapierte nicht, warum mein Mann diese für mich so schwierige Zeit nicht akzeptieren wollte. Er schottete sich immer mehr von mir ab. So stark, dass wir kaum noch miteinander sprachen. Ich wollte Diskussionen, er nicht. Mir wurde langsam klar, dass mein Mann ebenso wie ich in einer Krise steckte, nur nahm mein er diese Krise nicht zur Kenntnis. Er rannte weiter wie ein Huhn, dem der Kopf abgeschlagen worden war, einfach weiter, nur um nicht an das unangenehme Thema heran zu müssen.

Missverständnisse

In der Zeit, als ich ausschließlich mit meinem Körper beschäftigt war und damit mich zu fragen, welche Gründe wohl hinter meinen Schweißattacken stecken könnten und hinter meiner ungeheuren Traurigkeit, zeigte sich mein Mann seinerseits äußerst irritiert darüber, dass ich nicht die geringste Lust auf Körperkontakt, welcher Art auch immer hatte. Schon die leichteste Berührung fand ich mehr als überflüssig. Natürlich hätte ich mir denken können, dass er diese meine Abneigung nicht verstehen würde, dass mein Bedürfnis nach Ruhe zu Missverständnissen führen würde. Jedoch blieb mir keine andere Wahl. Mein Mann zeigte sich beleidigt und verschnupft über meine vermeintliche Ablehnung und um so mehr als mein misslicher Zustand anhielt. Ich hoffte vergeblich auf Verständnis. Er nahm mein Verhalten mehr als persönlich. Sehr gerne hätte ich mit ihm darüber gesprochen, und Missverständnisse ausgeräumt, jedoch war er das Gegenteil von gesprächsbereit.

Seinerzeit war ich sehr betroffen und auch sehr verzweifelt, denn es ist kein Spaß, körperlich gebeutelt zu werden und gleichzeitig Gefahr zu laufen, die Zuneigung seines Partners zu verlieren. Natürlich haben wir zwei bis drei Jahre später, denn so lange hatte es gedauert, bis wir langsam wieder zueinander fanden, versucht, über die trennenden Dinge zu sprechen, aber auch da war es nicht leicht, meinem Mann meine Empfindungen klar zu machen.

Das auch nur vorübergehende Wegfallen von Körperlichkeit und Sex scheinen Männer als direkten Angriff auf ihr Selbstverständnis zu empfinden, was mir bis zu diesem Zeitpunkt überhaupt nicht klar war. Es scheint für Männer sehr problematisch zu sein, sich in die Psyche und Körperlichkeit einer Frau hinein zu versetzen. Übrigens im umgekehrten Fall ist es für uns Frauen sehr oft ebenso schwer. Die Grenzen dessen allerdings, in der Männer bereit sind, sich einfühlen zu wollen oder auch zu können, sind trotz allem sehr schnell erreicht.

Toleranz und Akzeptanz

Mein Mann und ich haben in den letzten dreißig Jahren so manche Krise durchgestanden, jedoch diese ist oder war die heftigste überhaupt. Die Zeit der Wechseljahre scheint eine Zeit, in der plötzlich wieder nicht richtig verdaute und verarbeitete Dinge hochkommen und danach verlangen, in Ordnung gebracht zu werden. Irgendwie verlangt alles danach, neu geordnet zu werden.

Wir sogenannten „68iger", zu denen auch mein Mann und ich gehören, glaubten anders als unsere Eltern, sprich offener, aufgeklärter mit allen möglichen Dingen des Lebens umzugehen. Dies war Pflicht, dies war Programm! Trotz allem gelingt es uns nicht wirklich, offener und sensibler mit den Phänomenen des Alterns umzugehen, als die Generationen vor uns. Altern macht uns ratlos, sprachlos. Wahrscheinlich eine ähnliche Sprachlosigkeit, wie sie auch zwischen meinem Vater und meiner Mutter geherrscht haben mag.

Wer lehrt uns, mit dem Altern umzugehen? Vermutlich das Altern selbst. Diese, unsere Krise, ist eine Krise der Anpassung an unerbittliche biologische Gegebenheiten und vermutlich ist sie deshalb so heftig, weil sie in noch weitaus stärkerem Maße als jemals zuvor in unserem Leben Toleranz und Anpassung verlangt.

NICHT KRITIKLOS MÄNNLICHES LEISTUNGSDENKEN ÜBERNEHMEN

In unserer sogenannten Leistungsgesellschaft kommt Krankheit und Alter nicht vor und somit haben auch die Wechseljahre, sowohl der Frau als auch des Mannes einen außerordentlich schlechten Stand. Überhaupt wird alles verbannt, was den perfekten Anschein befleckt. Dies hat, so meine ich, viel mit männlichem Verhalten zu tun. Warum aber um alles in der Welt übernehmen wir Frauen so kritiklos das Leistungsverhalten der männlichen Spezies und schaden uns damit!?! Ich vermag es mir nicht zu erklären. Warum stehen wir nicht zu uns und unseren Schwächen und zu unserem Anderssein?

Ich wünsche mir Frauen, die nicht männliches Denken übernehmen, Frauen, die zu sich und ihrer gelegentlichen Schwäche stehen! Frauen, die sich nicht männlichem Verhalten unterwerfen und es „imitieren", denn es ist kein Zeichen von Gleichberechtigung und Stärke, so zu sein wie Männer, sondern es ist eher ein Zeichen von

Gleichberechtigung, zu sich selbst, seinen Stärken und seinen Schwächen zu stehen!

KONFRONTATION MIT DER REALITÄT

Da es heutzutage leicht ist, mit Hormonersatzbehandlungen sich gewisse Unbill vom Hals zu halten, ist es höchst unpopulär, sich dafür zu entscheiden, nicht pflegeleicht zu sein und seiner Umwelt ein Wesen zuzumuten, das zum Beispiel unmotiviert knallrot anläuft vor Hitze und in den Minuten darauf in Schweiß gebadet dasteht und versucht sich seiner Bekleidung zu entledigen und gleichzeitig Schiss hat, wenn es zu viel auszieht, sich zu erkälten. Ich versuchte den irritierten und peinlich berührten Blicken auszuweichen und diese Reaktion auf mich zu ignorieren.

In der Zeit, als ich vor Hitze fast explodierte und hinterher unter Wasser stand, musste ich mich sehr oft zahnärztlich behandeln lassen und erlebte diese peinlich berührten Blicke sehr oft im Wartezimmer meiner Zahnärztin. Im Frühsommer, es war schon richtig schön heiß, wagte ich nicht, wie nur ein Jahr zuvor, nur mit einer leichten Bluse bekleidet im Wartezimmer herumzusitzen. Das Wenigste, was ich trug, war ein warmes Sweatshirt über einer Bluse und darunter ein wollenes oder seidenes Unterhemd, das im Notfall meine übergroße Schweißproduktion aufnehmen konnte und um meinen Hals ein Seidentuch, das mich die Verdunstungskälte am Hals nicht so spüren ließ. Im Wartezimmer war es mehr als stickig, einer Sauna ähnlich. Und ich saß mittendrin. Natürlich beneidete ich alle Frauen um mich herum glühend, die leichtbekleidet ohne Sweatshirt und Wollunterwäsche auf ihre Behandlung warten konnten. Ich weiß nicht, was seinerzeit unangenehmer war, die Angst vor dem Bohrer, die bei mir auch nicht gerade klein war, oder in eigener Dunstwolke herumzusitzen und zu vermuten, entweder am Hitzschlag zu sterben oder dem Gegenteil, sich fürchterlich zu erkälten. Auf der Hin- und Rückfahrt im Taxi ging es mir nicht besser. Dort war es genauso heiß und unangenehm wie in der Praxis.

Der Taxifahrer, es war selbstverständlich stets ein Mann und nicht von Hitzewellen geplagt, saß meist verbarrikadiert bei geschlossenen Fenstern. Ich machte auf der kurzen Fahrt launige Konversation, um ihn nicht merken zu lassen, wie es um mich stand. Wie sich denken lässt, war ich froh, nach jedem meiner seltenen Ausflüge wieder den heimatlichen sicheren Hafen erreicht zu haben.

Zwei Jahre später, als ich mich schon wieder traute, gemeinsam mit meinem Mann, samstägliche Einkäufe im Supermarkt zu erledigen, ging es mir zwar schon besser, meine Hitzewallungen und Schweißausbrüche waren schon etwas reduziert, jedoch konnte es durchaus passieren, dass ich kurz vor Ende des Einkaufs, wir marschierten gerade durch die Kasse, plötzlich im Schweiß gebadet dastand und so wie ich war, unmöglich mit dem vollen Einkaufskorb den Supermarkt verlassen konnte, um zu unserem Auto zu gehen. Vor allem im Winter in der kalten Jahreszeit ging das nicht, denn mein Kopf, mein Hals und mein Haar fühlten sich nass an. Ich kam mir mehr als blöd vor, mich mit Kapuze und Umschlagtuch fest einzumummeln, um den Weg zum Auto heil zu überstehen. Ich glaubte, jeder müsse mein Gebaren seltsam finden und merken, was mit mir los sei.

Es brauchte schon einige Zeit, um diesbezüglich Selbstbewusstsein aufzubauen und einfach das zu tun, was sinnvoll war und was ich brauchte. Auch um meine Minderwertigkeitskomplexe in den Griff zu bekommen brauchte es viel Zeit. Ich betrachtete das, was mich ständig zu jeder Zeit beuteln konnte, als großes Hindernis und Behinderung, etwas das mich von meinen übrigen Mitmenschen trennte, etwas, das einsam machte. Ich begann in etwa gleichaltrige Frauen verstohlen von der Seite zu betrachten, wenn ich an der Kasse im Supermarkt anstehen musste. Wie kamen meine Altersgenossinnen mit den Wechseljahresbeschwerden, die sie doch wohl haben mussten, klar? Anzumerken war ihnen nichts. Hatten sie auch Hitzewallungen und Schweißausbrüche in den unpassensten Momenten? Vielleicht so wie ich genau dann, wenn ich meine gekauften Waren aufs Band packen musste und von da wieder zurück in den Einkaufskorb? Und dann zu allem Überfluss mit rotem Kopf und, spürend wie mir der Schweiß ausbrach, bezahlen zu müssen. Ich registrierte lediglich, dass ich mich mit etwas herumschlagen musste, dass ich bei keiner anderen Frau, auch bei intensivster Betrachtung nicht, beobachten konnte. Ich war also allein auf weiter Flur, und das zu erkennen und akzeptieren zu müssen, war hart.

Rätselhafte Symptomatik

Jeder denkt, wenn von den Wechseljahren die Rede ist, an die bekannten Schweißausbrüche und die dazugehörenden Hitzewallungen. Dass es auch eine Fülle von anderen Symptomen in den Wechseljahren geben kann, die ich bisher in keiner von mir gelesenen Publikationen gefunden habe, erfuhr ich in den vergangenen sieben Jahren.

Regelmäßig glaubte ich, dass diese Symptome aber auch gar nichts mit dem Klimakterium zu tun hätten. So zum Beispiel die diversen Luftröhrenreizungen, unter denen ich ganz besonders zu leiden hatte. Es ist zwar bekannt, dass Frauen in und nach den Wechseljahren an einer zu trockenen Scheidenschleimhaut leiden können, da der menschliche Organismus jedoch als rundes Ganzes betrachtet werden muss, ist es nicht überraschend, wenn auch andere, mit Schleimhaut bedeckten Körperorgane, von diesem Phänomen betroffen sind. Zusätzlich litt ich unter undefinierbaren morgenlichen Muskelschmerzen. Mitunter griff dies auch auf meine Augenmuskulatur über. Es waren Gefühle, als hätte mich ein grippaler Infekt gepackt. Über den Tag hinweg verschwanden diese Symptome wieder, um am nächsten Morgen erneut zu erscheinen. Was fing ich damit an, außer, dass es mich nicht wenig beunruhigte und ich mich unter einem permanenten Infekt wähnte?

Dass der gesamte Schamhaarbereich gelegentlich wie Teufel juckte, gehörte schon in den Bereich der Routine und hatte auch nichts Beunruhigendes an sich. Mir war diese Symptomatik bereits von meiner Mutter bekannt. Eins der wenigen Dinge, die sie mir anvertraute, als sie sich selbst in den Wechseljahren befand. Desgleichen juckende Brüste oder besser Brustwarzen. Juckende Brüste waren auf jeden Fall wesentlich leichter zu ertragen, als Spannen in den Brüsten und Wassereinlagerungen, die mich nicht wenig beunruhigten, ja Angst machten. Dieses Phänomen ließ mich ständig an Tumore denken. Allein die Tatsache, dass sie über den Tag wieder verschwanden beruhigte mich wieder ein wenig. Was mich über diese ganze Symptomatik hinaus, die meist niemals in ihrer Gesamtheit auftrat, sehr mitnahm, waren die Stunden, die ich nachts wachlag, ob nun auf Grund von Dauerschweißausbrüchen oder ohne. Nachts wach zu sein, was bedeutet, absolut putzmunter im Bett herumzuliegen, empfand oder empfinde ich als absolute Gemeinheit. Übriges auch häufige blaue Flecken gehören zum nicht gerade kleinen Repertoire der möglichen Wechseljahresbeschwerden. Lange Zeit war mir nicht klar, woher die vielen blauen Flecken stammten, die ich einige Zeit über meinen Körper verteilt hatte. Man hätte denken können, ich sei körperlich mit etwas oder jemandem ziemlich böse aneinander geraten. Eines Tages las ich dann des Rätsels Lösung, auch dieses Symptom gehört, wie so einiges andere nicht leicht Zuordenbare, zum Klimakterium.

Ich schreibe dies nicht, um Frauen zu ängstigen, ganz im Gegenteil! Es ist auch nicht gesagt, dass sie unter diesen Symptomen zwangsläufig leiden müssen, dennoch, wenn sie dies eine oder andere in meinen Beschreibungen wiedererkennen, können sie es besser einordnen, als ich es vermochte.

Ein Autofön...

Nie hätte ich für möglich gehalten, welch große Rolle mal ein Gerät zum Haare trocken in meinem Leben spielen würde. Ich suchte nach einem Ausweg, einer Möglichkeit mich in den kurz aufeinanderfolgenden Schweißausbruchintervallen oder während einer sehr langanhaltenden Schweißattacke, die mitunter Stunden dauerte, ein wenig trockener zu bekommen. Das Naheliegenste war mich abzutrocknen, was sich allerdings außerordentlich mühsam gestaltete, denn der Schweißstrom versiegte nicht einfach durchs Frottieren. Ich glaubte, allerdings unterlag ich da einem gravierenden Irrtum, ich könnte die Attacke durchs Abfrottieren abkürzen. Weder durch das Abtrocknen, noch durchs Trockenföhnen ließ sich der Schweißstrom stoppen. Ich versuchte es trotz allem immer aufs Neue, jedoch ohne den geringsten Erfolg. Nach einem Schweißausbruch allerdings hatte das Föhnen mitunter tatsächlich einen Sinn. Dann nämlich, wenn ich nicht gar zu nassgeschwitzt war und mich nicht völlig umkleiden musste und mein leicht bis schwerer feuchtes Unterhemd, meine Bluse ect. auf diese Weise trocknete, statt sie zu wechseln. Für meine meist völlig schweißnassen Haare jedoch, war der Föhn unabdingbar.

Mitunter hätte ich, wenn ich mit meinem Mann unterwegs war, gerne einen Föhn dabei gehabt. Stattdessen musste ich mir auf jede Fahrt Handtücher und Ersatzgarderobe mitnehmen. Ohne die konnte ich nirgendwo hin. Wie schön wäre es gewesen einen Föhn mit dabei zu haben, um mich und meine Klamotten auf einfache Weise trocken zu bekommen. Nicht eingedenk der Tatsache, dass ich jedes Mal den Schwung Wechselkleidung unter den Augen unserer, sich nicht unbedingt durch sehr viel Einfühlsamkeit auszeichnenden Nachbarn, zum Auto und später die feuchten Klamotten, nach der Fahrt zurück, in unser Haus transportieren musste. Ein akkubetriebener Autoföhn hätte mir das Leben ganz schön erleichtern können, aber der ist wohl leider noch nicht erfunden.

Ich musste Haare lassen

Und das im wahrsten Sinn des Wortes. Kurz vor Weihnachten bemerkte ich, dass wenn ich mir, wie es meine Gewohnheit ist, mit allen fünf Fingern der linken Hand durch meine Kurzhaarfrisur strich, um sie ohne Kamm in Ordnung zu bringen, an meinen Fingern das eine oder andere Haar hängen blieb. Dies war an sich noch nicht beunruhigend, jedoch hatte ich den Eindruck, bei jedem Strich wurden es ein wenig mehr Haare. Ich wünschte, dies würde aufhören, was es nicht tat.

Ich begann den Zustand meiner Haare argwöhnisch zu beobachten. Morgens, nach dem Aufwachen hatte ich den Eindruck, dass ich besonders viele Haare verabschiedeten. Ich konnte mir ganze Büschel aus der Kopfhaut ziehen. Wenn dies so weiter ging, vermutete ich, hätte ich bald kahle Stellen auf dem Kopf. Grauenhafte Vorstellung. Was sollte das? Woher kam dies? Es verwirrte mich, brachte mich zur Verzweiflung. Es hatte schon obsessive Züge, wie ich meine sich verabschiedende Haarpracht belauerte. Ich betrachtete sie fast dauernd, mal von der Seite im Profil, mal von vorne, mal von unten, mit und ohne Zuhilfenahme eines Zweitspiegels. Mal von vorne mit Lampenbeleuchtung, mal schräg von der Seite im grellen schonungslosen Vormittagslicht. Es ließ sich nicht vertuschen, im Bereich der Stirn, des Vorderkopfes wurden meine Haare spärlicher. Ich konnte durch die Haare immer mehr Kopfhaut sehen und da ich sie sehen konnte, konnten es auch andere. Die Tortur wollte irgendwie kein Ende nehmen. Erst diese grauenhaften Schweißausbrüche, und jetzt, nachdem das besser geworden war, verabschiedeten sich meine Haare, meine schönen dichten Haare...

Ich nervte meine Familie schrecklich, weil ich immer und immer wieder von ihnen wissen wollte, wie stark mein Haarausfall von außen sichtbar war, wie ich auf meine Umwelt wirkte. Natürlich glaubte ich ihnen nicht, wenn sie mich zu trösten versuchten, alles sei nicht so schlimm, wie ich es vermutete.

Ich versuchte herumzutricksen, mir meine Haare so zu frisieren, dass es nicht gar so auffiel, was nicht so recht klappen wollte und erwog schließlich mir eine Perücke zu besorgen, wenn, ja wenn ich noch mehr Haare verlor. Wann war dieser Zeitpunkt? Ich wusste es nicht. Gab es überhaupt den richtigen Zeitpunkt?

Ich konnte die Haare, die mich verlassen wollten nicht dadurch zurückhalten, dass ich sie argwöhnisch belauerte. Also beschloss ich irgendwann, mich mit diesem Zustand zu arrangieren. Irgendwann war es mir zu blöd mich zu beobachten. Und siehe da, der Haarausfall stagnierte irgendwann.

Es dauerte natürlich noch ganz schön lange bis mein Haarschopf wieder dichter wurde und bis dahin war es mir nicht nur wegen der Schweißausbrüche nicht sehr angenehm unter Menschen zu gehen. Ich musste einsehen, meine Haarpracht war nicht mehr so wie früher, aber es war insgesamt auch nicht so tragisch, wie ich vermutet hatte.

Ich habe zwar heute, sechs Jahre später, wieder dichteren Haarwuchs, aber dennoch ist er nicht mehr so, wie vor sieben Jahren. Aber was ist schon heute so wie vor sieben Jahren? Alles hat sich verändert und damit auch meine Haare, die ganz nebenbei noch grauer geworden sind wie seinerzeit.

Mein Fahrrad und ich

Seit etwa dreißig Jahren, seit ich mein erstes Rad erstand, der Marke *Ursus*, ein Klapprad, bin ich begeisterte Fahrradfahrerin. Es war ein Rad ohne Gänge und recht lahm, aber es bedeutete schneller vorwärts kommen zu können als zu laufen und vor allem, es bedeutete Unabhängigkeit. Meinem Mann fuhr ich viel zu langsam, er hatte im Gegensatz zu mir ein normal großes Rad, womit es keine Kunst war schneller voran zu kommen.

Der klimakterische Einbruch 1994 machte mir und meinem Fahrrad den ersten dicken Strich durch die Rechnung. Ein Glück war meine Fahrradpause nur kurz. Bis Herbst 2001 war ich mobil und körperlich so fit, dass ich meine so geliebten Fahrradausflüge mit meinen beiden Kindern machen konnte. Im Sommer '01 fiel mir das nicht mehr ganz so leicht, mit etwas zu schnellem, unausgeglichenen Puls und einer Körpertemperatur kurz unterhalb 37°. Ich war insgesamt viel schneller erschöpft als in den Jahren zuvor. Die Vorboten des Schwitzens hatten mich im Griff. Aber ich fuhr trotzdem stur weiter bis, ja, bis zu dem Tag im Herbst, als mir mein Rad in einer recht noblen Gegend, während des Besuchs meiner homöopathischen Ärztin, geklaut wurde. Jetzt saß ich wirklich auf dem Trockenen. Das war kein kleiner Schock. Sich beschissen fühlen und gleichzeitig platt gelegt werden durch ein gestohlenes Rad. Der Hammer musste erst einmal verkraftet werden.

Hektisch begann ich nach einem Ersatzrad zu suchen. Aber immer, wenn man etwas zu übertrieben schnell haben will, klappt es nicht. So auch dies Mal. Ich fand zwar etwas annähernd Gleichwertiges, jedoch musste dieses Rad extra für mich hergestellt werden. Das brauchte Zeit. Kurz nach dieser Entdeckung packte mich eine Grippe mit anschließender Lungenentzündung. Gleichzeitig und anschließend hatten mich die Wechseljahre im Griff.

Zwar überhaupt noch nicht in der Lage Rad zu fahren, ließ ich im Frühjahr '02 meinen höchst skeptischen Mann das im vergangenen Herbst entdeckte Fahrrad bei dem kleinen Fahrradhändler um die Ecke bestellen. Drei Wochen dauerte es, bis mein Mann es abholen konnte. Ein ganz schlichtes silberfarbenes Rad, mein Fahrrad...

Ich hatte wieder ein eigenes Rad. Das Dumme war nur, ich war noch nicht wieder fit genug, um es auszuprobieren und die Straße einmal auf und ab zu fahren, geschweige denn, eine kurze Tour damit zu machen. Das war zwar schmerzlich, jedoch war das Gefühl, überhaupt wieder ein Rad zu haben viel wichtiger. Es stand da und wartete auf mich, bis ich es wieder benutzen konnte. Meinem Mann war dies mehr als unverständlich. Ein Rad zu kaufen und einfach nur hinzustellen, war für ihn der blanke Irrsinn.

Noch ein ganzes Jahr brauchte es, bis ich im Sommer darauf eines Vormittags den Mut fand, unbemerkt von meiner Familie, mich auf mein neues Fahrrad zu setzen und einmal ganz kurz um den Block zu fahren. Das klappte noch ganz gut, ohne viel Schweiß. Ein paar Tage später traute ich mich dann etwa zwei Kilometer zu fahren und schwitzte dabei wie ein Tier. Ich kam völlig schweißnass zu Hause an. Es war ganz schön frustrierend. So schwer es mir auch fiel, ich musste eben warten, bis es meinem Körper gefiel, weniger Schweißausbrüche zu haben. Wieder stand mein Rad ein ganzes Jahr ungenutzt herum, bis zum kommenden Sommer '04. Ich nahm all meinen Mut zusammen und fuhr zu meinen Zahnarztterminen einen Kilometer hin und mit einem kleinen Umweg hinterher wieder zurück nach Hause. Das war genau die Strecke, die ich, ohne groß unter Wasser zu stehen, fahren konnte.

Mein Mut wurde größer und ich wagte mit meinem Mann zwei sonntägliche Radausflüge, die nicht so glimpflich für mich abliefen und mich wieder zurück warfen. Es war deprimierend. Ich kam mir mehr als bescheuert vor, nicht wie noch ein paar Jahre zuvor normale Strecken bewältigen zu können. Nach jeder Fahrt war ich mehr als erschöpft. Das war's eigentlich, bis zum Sommer vergangenen Jahres.

Eines Morgens merkte ich mit Erschrecken, der Fahrradklau hatte wieder mal zugeschlagen, der Platz, an dem mein Fahrrad gestanden hatte, war erschreckend leer. Es war weg! Ich konnte es zunächst nicht fassen. Wieder hatte ich kein Fahrrad. Klar, natürlich hatte ich auch selbst Schuld. Mein Fahrrad hatte einfach zu lange *fahrbereit* und unbenutzt in unserem Vorgarten gestanden. Der Schock saß. Noch einmal wollte ich dies nicht erleben! Ich machte mich also daran, mein neuerstandenes Rad regelmäßig zu benutzen. Die erste Tour machte ich zum Fahrradhändler, um mir einen Lenkerkorb zu kaufen. Von da an fuhr ich zwei oder drei Mal die Woche kleine Strecken, um mich zu testen und auch meine Kondition ganz, ganz langsam zu verbessern.

Ich begann wirklich noch einmal ganz von vorn mit dem Fahrradfahren und es klappte irgendwie. Ich verlängerte meine Touren Stück für Stück. Mal ging es besser, mal schlechter. Wenn es mir zu anstrengend wurde und wird, gestatte ich mir mein Fahrrad ein kürzeres oder längeres Stück zu schieben. Inzwischen bin ich sportlich wie noch nie zuvor und fahre täglich meine fünf bis sieben Kilometer, wenn es das Wetter zulässt. Jetzt zum Schluss muss noch etwas Grundsätzliches zum „Sport" in den Wechseljahren raus. Sport und Bewegung ist wirklich löblich und sinnvoll, jedoch hat alles, wie meine Geschichte deutlich gemacht hat, seine Zeit. Jemand, der bei jeder Gelegenheit vor Wasser und Schweiß trieft, hat bestimmt keinen Spaß und keine Energie an größerer körperlicher Betätigung. Schweißausbrüche werden auch nicht geringer und weniger durch Sport, welcher Art auch immer. Im Gegenteil, Sport ist erst dann möglich, wenn der Körper nicht schon durch Hitzewallungen und Schweißausbrüche auf Hochtouren läuft. Mit anderen Worten, ich konnte deshalb mit dem regelmäßigen Fahrradtraining beginnen, weil meine Hormonumstellung schon *so weit* gediehen war. Mein Organismus gerät, während meiner Touren immer noch, mal mehr, mal weniger stark in Wallung, aber dies hält sich insgesamt in Grenzen, was es vor ein paar Jahren noch nicht tat.

Egoismus und Eigenliebe

Etwas, was sich bei mir erst dann geändert hat, als es mir ziemlich dreckig ging, war meine Einstellung zu dem, was wirklich wichtig war und was nicht. Erst dann war ich bereit, mich und meine Bedürfnisse wichtiger zu nehmen, als die Bedürfnisse meiner Familie. Ich habe den Eindruck, dass die Wechseljahre Frau, egal ob es bei ihr knüppelhart kommt oder nicht, dazu bringt sich und ihre eigenen Bedürfnisse mehr zur Kenntnis zu nehmen. Das bedeutet, sie wird egoistischer und das ist gut so. Frauen, so auch ich, neigen sehr oft dazu die Bedürfnisse ihrer Lieben über ihre eigenen zu stellen und so über ihre Grenzen hinweg zu gehen, zu ackern. Alle um mich herum sollten zufrieden sein, es soll glatt und perfekt laufen, nur keine Angriffsfläche bieten, nur keine Disharmonie. Damit haben die Wechseljahre aufgeräumt. Sie haben mich sukzessive mit dem Wechsel meiner Hormonzusammensetzung sturer und unempfindlicher werden lassen, gegenüber den Bedürfnissen anderer, und sie haben mich bereiter sein lassen, notfalls meine eigenen Bedürfnisse mit Klauen und ausgefahrenen Krallen zu verteidigen. Sprich, meine Aggressionsbereitschaft ist größer geworden.

Was sich auch geändert hat, mein Wunsch um jeden Preis zu gefallen, speziell Männern, also auch meinem Eigenen. Da ist etwas weggefallen, was erheblich freier und leichter macht. Jetzt bin ich in der Lage, Männer schön aus immer größerer Distanz zu betrachten, denn ich muss mich mit ihnen nicht mehr auf Deubel komm raus arrangieren, aber ich kann, wenn ich will. Ich glaube, es ist viel wichtiger geworden mich selbst zu akzeptieren, als immer nach außen zu schielen und es von anderen haben zu wollen. Umso schöner ist es dann, wenn unverhofft trotzdem ein Feedback kommt.

Mut zu(m) eigenem Raum

Der Wunsch zu einem eigenen Raum, nach mehr Raum, wurde je weiter meine Wechseljahre fortschritten, größer und größer. Ich wünschte mir eine Tür, die ich hinter mir schließen konnte, um mich abzugrenzen, wenn es mir zu bunt wurde. Jedoch wusste ich nicht, wie ich dies verwirklichen sollte. Mir fehlte schlicht der Mut dazu. Meist saß mir meine gesamte oder Teile meiner Familie auf der Pelle. Trotzdem, Familienleben und spielende Kinder um mich herum war etwas, das ich auf gar keinen Fall missen wollte. Dieser Trubel hat zweifelsohne seine Vorteile, jedoch bekam ich immer häufiger das übermächtige Empfinden, gelegentlich alle zum Teufel zu wünschen. Ich hatte das Gefühl vereinnahmt zu werden, nicht mehr ich selbst zu sein, sondern nur dazu da, dem Vergnügen anderer zu dienen. Wie sollte ich die Kurve kriegen?

So zynisch es klingt, ein Unfall meines Mannes änderte dies schlagartig. Wegen eines Oberschenkelhalsbruches benötigte er ein Bett, das er schnell und problemlos verlassen konnte. Das Zimmer und Bett meines Sohnes bot sich an. Der hatte von dem Tag an ein weitaus größeres, unser ehemaliges Wohnzimmer und mein Mann und ich jeweils ein eigenes Zimmer. Jetzt hatte ich plötzlich meinen eigenen Raum und zunächst war dies eine ungeheure Umstellung für mich. Aber ich gewöhnte mich daran ziemlich bald, auch übrigens daran, allein zu schlafen. Ich hätte es mir nie vorstellen können, aber es hat unschlagbare Vorteile seine Nächte allein zu verbringen. Ich konnte jetzt endlich, wenn ich nachts stärkere Schweißausbrüche hatte, meine Kleidung wechseln, ohne dass ich meinen Mann damit störte. Auch konnte ich, wenn ich gelegentlich nachts stundenlang wach lag, mal mit, mal ohne stärkere Herzklopfen, mal mit, mal ohne Stakkatoschweißausbrüche (übrigens auch ein Symptom der Wechseljahre) endlich tun, was ich wollte. Ich konnte lesen, schreiben oder malen oder einfach nur herumliegen ohne irgend jemand aufzuwecken. Mein Mann hingegen konnte nun ungehindert seiner Angewohnheit frönen, abends und auch mitunter nachts noch stundenlang zu lesen. Er, der zunächst nicht so begeistert von unserer Raumtrennung war, begann irgendwann auch die Vorteile zu sehen. Er konnte, genau wie ich, jetzt zu Bett gehen, wann er wollte. Mein Mann ist übrigens ein sogenanntes Nachtlicht und ich jemand, der sehr früh morgens aufwacht und auch dementsprechend abends früh müde ist und seine Ruhe haben will. Jetzt konnte jeder von uns beiden endlich ungehindert seinen Wünschen nach gehen. Und last but not least kann ich jetzt, wenn mir mal danach ist, meine Türe einfach hinter mir schließen. Was allerdings nicht bedeutet, dass nach wie vor meist die gesamte Familie bei mir herumhockt und ich alle abends, wenn meine Zeit gekommen ist, zum Teufel jagen muss oder besser in ihre eigenen Räume. Jedoch tue ich dies nicht mehr mit schlechtem Gewissen, wie noch vor einiger Zeit. Auch dies ist, wie so vieles im Leben, eine Sache des Bewusstseins.

VERWIRREND POSITIVE COVER

Schaut man sich Bücher an, die Wechseljahre zum Thema haben, kann Frau über die Cover nur staunen. Meist strahlen dem Betrachter oder besser der Betrachterin auf diesen Titelseiten Frauengesichter und Körper entgegen, die mit der Normalfrau in der Zeit des Klimateriums nicht viel gemein haben. Jede Frau um die Fünfzig, die Rat sucht für ihre Kümmernisse und diversen körperlichen Beschwerden, muss sich ob dieser faltenlosen, strahlenden und optimistischen Geschöpfe, verarscht fühlen. Was soll uns da suggeriert werden? Eine unproblematische Zeit des Übergangs und eine ewige Jugend? Die Wirklichkeit weicht doch wohl erheblich von diesem Bild ab. Wer denkt sich so einen unrealistischen Blödsinn aus? Welche Frau in den Wechseljahren kann sich mit Frauengesichtern identifizieren, die eher wie dreißig anmuten, als fünfzig und darüber hinaus? Was kommt da rüber? Das wir uns gefälligst nach diesem Bild zu richten haben. Das wir friedlich, optimistisch und schön zu sein haben in einer Zeit, die nicht unbedingt friedlich und schön ist. Ich glaube dieses Bild von Frauen haben wir nicht verdient, dies sollte der Vergangenheit angehören.

EINE FRAU STIRBT ZWEIMAL?!?

Ein nicht mehr ganz zeitgerechtes Zitat, wie mir scheint, oder doch? Worauf nimmt dieses Zitat Bezug? Wohl auf die Tatsache, dass uns die sogenannte Gebärfähigkeit in oder nach den Wechseljahren flöten geht und diese verlorene Fähigkeit mit dem Tod gleichgesetzt wird.

Ich muss zugeben, dass es nicht leicht für mich war, einsehen zu müssen, nun endgültig keinen Nachwuchs mehr bekommen zu können, obwohl ich dem Vermehrungstrieb genüge getan und zwei Kinder geboren hatte. Vielleicht hätte es noch ein Kind mehr sein können, doch zwei waren zeitweise auch schon stressig genug.

In dieser Zeit konnte ich von sogenannten „Gebärsendungen" diverser Fernsehsender nicht genug bekommen. Immer und immer wieder litt, freute und weinte ich mich mit all den gezeigten Gebärenden und wurde mit ihnen wieder und wieder Mutter. Aber ich war auch heilfroh, dies alles nicht noch mal in der Realität durchleben zu müssen. Ich war froh, aber es erfasste mich auch

Wehmut, dies den jüngeren Frauen überlassen zu können, zu müssen!

Irgendwann wandelte sich meine Wehmut in, ich will nicht sagen Gleichgültigkeit, aber doch einem Gefühl des distanzierten Interesses. Heute überfällt mich keine Trauer mehr beim Anblick Schwangerer und Gebärender. Ich bin heil froh, diese Zeit meines Lebens hinter mir gelassen zu haben. Das Muttersein bleibt mir jedoch, Mutter meiner Kinder, so vermute ich, werde ich wohl den Rest meiner Tage bleiben.

Kann ich froh sein, heutzutage als Frau nicht ausschließlich auf meine Gebärfähigkeit reduziert zu sein? Es ist leider eine Tatsache, dass mit dem Verlust der Gebärfähigkeit, in und nach den Wechseljahren, sprich dem auch sichtbaren Älterwerden, auch ein Verlust an Attraktivität für den männlichen Anteil dieser Welt einher geht. So ganz leicht zu ertragen ist es nicht, in den Augen der männlichen Spezies, übrigens auch meiner Altersgenossen, nur ganz selten Interesse, viel öfter jedoch Gleichgültigkeit zu erkennen. Der Funke springt nicht mehr so leicht über. Viel öfter ruhen ihre Blicke mit Wohlgefallen auf einer zwanzig, dreißig Jahre Jüngeren, Faltenloseren als auf einer Gleichaltrigen. Es ist natürlich nicht so, dass mir dies alles erst jetzt in den Wechseljahren oder in der sogenannten Menopause auffällt, nein tut es nicht, aber es wiegt plötzlich schwerer. Auch dies ist ein Abschied, wie der Abschied vom Gebärenkönnen, ein Abschied von der Jugend, der Attraktivität.

Un-Regel-Mässigkeiten

Wenn ich mal gehofft haben sollte, meine Periode würde sang- und klanglos verschwinden, sozusagen von einem Tag auf den anderen, oder besser von einer Periode zur anderen, so sollte ich eines Besseren belehrt werden. So simpel geht die Natur scheinbar nicht vor.

Nachdem Mitte Vierzig meine Monatsblutungen eine wirklich beunruhigende Stärke entwickelt und sich darauf wieder normalisiert hatten, glaubte ich aufatmen zu können. Zunächst kamen sie noch relativ regelmäßig, wirklich alle achtundzwanzig Tage. Dabei blieb es jedoch nicht. Als ich mich an die beruhigende Normalität gewöhnt hatte, beschloss sie plötzlich seltener zu werden. Meine Periode kam nicht mehr jeden Monat, nicht jeden zweiten, nein sie erschien nur jeden dritten und dann wieder jeden zweiten, um wieder auf vier Monate überzugehen. Sie wurde nicht nur seltener, nein sie wurde auch immer schwächer. Von Blutung konnte irgendwie kaum noch die Rede sein.

Jetzt, dachte ich, könnten sie doch endlich ganz verschwinden. Nein, so einfach machten sie es mir nicht. Ich hatte die Fünfzig schon ein paar Jahre überschritten, ihre Auftritte waren selten, unregelmäßig und so schwach, dass man von Blutung kaum noch reden konnte. Hartnäckig traten sie immer mal wieder auf, halbe und ganze Jahre konnten dazwischen liegen, schließlich auch mehrere.

Nun, dachte ich erleichtert, hätte ich es endlich hinter mir, als sie zwei Jahre im Stück ausgeblieben waren. Wieder hatte ich mich gründlich geirrt. Im Juli dieses Jahres, inzwischen Ende Fünfzig, bekam ich plötzlich merkwürdige Schmerzen in den unteren Regionen meines Körpers, mit denen ich wirklich nicht mehr gerechnet hatte. Ich glaubte zunächst diese Beschwerden meinem Darm zuordnen zu müssen, was sich als falsch herausstellte. Es verwirrte mich völlig, aber es schienen Periodenschmerzen zu sein und nicht zu geringe. Die Blutung, die danach eintrat, kann man als solche kaum bezeichnen, weil es nicht mehr als ein Tropfen war. Natürlich machte ich sofort einen Termin bei meiner Frauenärztin, weil mir dieser erneute Blutungs-Auftritt doch etwas dubios erschien. Das konnte doch nicht normal sein!!!

Es stellte sich jedoch nach einer gründlichen Untersuchung heraus, dass es doch normal war. Ein Glück!

Also scheint das Kapitel Periode bei mir noch nicht beendet zu sein. Vor ein paar Jahren hörte ich von meiner Frauenärztin, nach zwei Jahren Periodenabwesenheit könne man sicher sein, die Monatsblutungen final hinter sich zu haben. Dies hat sich, jedenfalls bei mir nicht als richtig erwiesen.

Von Aggressionen und Wutausbrüchen

Vor einiger Zeit las ich auf der Titelseite der, von mir seit zwanzig Jahren abonnierten und seit vierzig Jahren gelesenen, Frauenzeitschrift die Schlagzeile: *„Tabuthema Wechseljahre - Wie es wirklich ist. Was wirklich hilft".*
Toll, dachte ich gedämpft begeistert, endlich wagt sich die Presse an den Speck, bewegt sich nicht mehr an der ungefährlichen Oberfläche, wie schon so oft. Endlich haben sie mehr Mut zur Realität. Ich wurde jedoch beim Lesen von Artikel zu Artikel, das gesamte Dossier war etwas umfangreicher, von Zeile zu Zeile enttäuschter. Der Haupttenor lag wieder mal auf: Wie schaffe ich es die Wechseljahre rumzukriegen, ohne mich und die anderen merken zu lassen, dass ich sie habe? Eine Frau Ende vierzig berichtete von ihren Stimmungsschwankungen und gelegentlichen Wutausbrüchen, die sie ihrem Mann und ihrer neunjährigen Tochter nicht zumuten wollte und sich aus diesem Grund jetzt hormonell behandeln lie-

ße. Ich frage mich, was spricht dagegen, zu seinen Gefühlen zu stehen? Warum sollte man Wut, ob sie nun durch die Wechseljahre bedingt sind oder nicht, nicht zeigen dürfen? Was ist schon schlimm an ein paar Tellern oder Tassen, die durch die Gegend fliegen, wenn man sie denn fliegen lassen möchte? Nicht nur Kinder und Partner haben ein Recht auf Wut. Wut ist nicht nur destruktiv, sie kann auch reinigen und Wut oder andere massive Gefühle haben immer einen realen Hintergrund, der betrachtet werden möchte. Es wäre fatal, sie mit was auch immer zu unterdrücken. Es würde nur auf ein Verschieben der Probleme hinaus laufen. Irgendwann kommen sie leider durch die Hintertür wieder hinein. Also raus mit ihnen und sich dranmachen, dass was Wut macht zu beseitigen und zu ändern. Probleme lassen sich nicht einfach zum Verschwinden bringen, wenn man sich ein paar Ersatzhormone einpfeift. Wechseljahre sind nun mal ein Langzeitprojekt. Es ändern sich peu à peu die Prioritäten von Frau und dies nicht von Ungefähr, denn auch ihre Hormonzusammensetzung verschiebt sich, vom größeren Östrogenanteil zum größeren Testosteronanteil. Zwangsläufig erhöht sich dadurch auch ihre Aggressivität und ihr Wunsch sich durchzusetzen. Sich anzupassen und nachzugeben ist nun zweitrangig. Es kann nun durchaus möglich sein, dass soviel Durchsetzungswunsch oder Willen den Herren der Schöpfung gegen den Strich geht, doch was soll's?

Ich finde es weitaus gesünder für Frauen, ihre aggressiven Anteile zu leben, als sie auf Teufel komm raus bis zum Ende ihrer Tage zu verstecken.

Übrigens, dieser größere Durchsetzungswillen ist Garant zur Selbstverwirklichung, auch mal ihre eigenen, nicht nur die Träume und Vorstellungen des Partners in die Tat umzusetzen. Die Vorstufe dafür ist Wut, die Stimmungsschwankungen und auch die Traurigkeit. Die ganze Palette an Gefühlswirrnissen, die Frau in den Wechseljahren erlebt und die auch ich gelegentlich immer noch erlebe. Ich mute meiner Umgebung zu, dies zu ertragen, genau wie ich es auch selbst ertragen muß. Im Übrigen sind an mir auch seinerzeit nicht die seelischen Auswirkungen der Pubertät meiner Tochter und die meines Sohnes, (die sich gerade auf dem Höhepunkt befinden) spurlos vorbei gegangen. Also kann ich wohl mit recht erwarten, dass sie auch mich ertragen. Es ist im Übrigen recht erstaunlich, dass bisher kein Mittel gefunden wurde, oder sich darum bemüht wurde eins zu finden, um die Auswirkungen der Pubertät für alle Beteiligten zu mildern.

Ich finde es nur Recht und billig, dass Frauen in den Wechseljahren sich, wenn nötig, seelisch genauso austoben können wie ihre Kinder, ohne dass dies mit Naserümpfen und Augenbrauenerheben von unserer Gesellschaft bedacht wird. Wie ist es um die Chefredakteure/Innen unserer Frauen Zeitschriften bestellt, wenn sie immer noch nicht den Mut haben, die Dinge so zu fokussieren und zu schildern, wie es der Realität entspricht?

GLEICHBERECHTIGUNG?

Zu oft höre ich, wir Frauen hätten „so viel" erreicht, könnten heutzutage so unendlich „viel mehr" als noch vor Jahrzehnten, Originalton Alice Schwarzer. Ich bezweifle dies sehr und wenn, zu welchem Preis können wir das? Was ist das für ein Fortschritt, in dem wir Frauen gezwungen sind, sich den Prinzipien der Männer zu unterwerfen? Was ist das für ein Fortschritt, wenn wir gezwungen sind, in einer durch und durch männlich geprägten Leistungsgesellschaft zu leben? Ist *das* Gleichberechtigung?

Ich glaube nicht. Wir Frauen werden nach männlichen Richtlinien beurteilt, die uns überfordern, wir werden in ein männliches Korsett gepresst und denken, es sei ein Fortschritt, eine Auszeichnung. Es wäre zum Beispiel schön, die Freiheit zu haben, als Frau ungehindert und ohne Scheu seinen körperlichen Bedürfnissen nachgehen zu können, bei der Menstruation beispielsweise, die auch mitunter sehr schmerzhaft verlaufen kann. Es wäre wünschenswert, wenn Frau sich in dem

Fall nicht mit Schmerzmittel vollgedröhnt um jeden Preis zur Arbeit quälen müsste, um den Anschein zu erwecken, sie sei eine voll einsatzfähige Arbeitskraft. Es ist halt keine Gleichberechtigung, wenn sie dies tun muss, sondern leider das Gegenteil davon.

Wir wundern uns, dass nicht genügend Nachwuchs geboren wird, dass unsere westliche Zivilisation rückgängig ist. Kein Wunder. In einer Zivilisation, in der Frauen wie Männer funktionieren müssen, kann man sich nicht den Luxus leisten Kinder zu haben. Nach männlichen Richtlinien funktionierende Wesen, gebären keine Kinder und nehmen die, zum Teil sehr mühselige, Brutpflege auf sich.

Es ist auch kein Zeichen von Gleichberechtigung, wenn Frauen nur mit sehr viel Überwindung ihre Wechseljahre in der Öffentlichkeit leben können. Der Umwelt nur mit ebensolch großer Überwindung zu zeigen, dass sie nicht gut drauf sind, dass sie Schweißausbrüche haben und depressiv sind. Warum wird Frauen verwehrt Frauen zu sein, mit all dem, was Frau sein nun mal ausmacht?

Unerlaubtes Altern

Es gibt heutzutage ein Phänomen, dass es meines Erachtens noch in keiner Generation vor uns gegeben hat, wir verweigern uns das Altern. Wir haben uns auferlegt, immer fit zu bleiben, wenn möglich bis zum Tod gesund und dabei phantastisch jung aussehend. Was für ein gigantischer Stress.

Unseren Eltern zum Beispiel war klar, ab Fünfzig geht es definitiv bergab, man wird halt alt. Da gab es kein Vertun. Ich will damit nicht sagen, dass es unserer Eltern- und Großelterngeneration leicht fiel zu altern, mit Sicherheit fiel es ihnen genauso schwer wie uns heute, jedoch standen sie nicht unter Druck ewig jung zu sein, jung wirken zu müssen. Ab Fünfzig hatten sie das Alter erreicht, in Würde alt werden zu dürfen. Wir hingegen altern zwar innerlich, dürfen es uns jedoch um keinen Preis der Welt anmerken lassen. Altern ist gesellschaftlich geächtet. Wer zuerst umfällt, hat verloren und verlieren darf in unserer Gesellschaft nicht sein. Wozu gibt es Muckibuden, wozu gibt es Hormone und nicht zuletzt die Schönheitschirurgie. Wohlgemerkt, ich habe weiß Gott nichts gegen Sport und auch nichts dagegen, ihn so lange zu betreiben, wie möglich, aber ohne Krampf, wenn ich bitten darf. Alles schön locker und nicht verbissen. Warum dieser Stress? Wir werden trotz allem dem Altern nicht davonlaufen können.

Resumée

Sieben Jahre ist es nun her, seitdem mich die Wechseljahre zum zweiten Mal beutelten und vierzehn Jahre, seitdem sie mich das erste Mal im Griff hatten. Was hat sich getan in der Zwischenzeit?

Die wirklich schlimmen Zeiten liegen Gottlob hinter mir. Mein Körper scheint sich mehr und mehr mit dem gewandelten Hormonangebot zu arrangieren. Er spielt nicht mehr verrückt oder reagiert über. Aber es ist auch nicht so, dass ich sagen könnte, ich sei endlich durch mit dem Klimakterium. Auch meine Seele hat Frieden gemacht mit der Veränderung, die allerdings längst nicht beendet ist und wohl auch, wie ich vermute, den Rest meines Lebens in Anspruch nehmen wird. Alles ist im Fluss. Das Klimakterium ist halt Teil des natürlichen Alterungsprozesses und voneinander nicht zu trennen. Ich bin mir, und dies empfinde ich als durchaus positiv, meiner weitaus bewusster, als ich es vor dem Klimakterium war. Ich kann, wie ich meine, besser mit mir umgehen, meine Schwächen und meine Stärken eher akzeptieren, bin lockerer und selbstbewusster geworden. Was nicht heißen soll, dass ich glaube perfekt zu sein. Nein, davon bin ich wohl noch Lichtjahre entfernt und werde es wohl auch kaum erreichen. Ich kann wieder ein relativ normales Leben führen, allerdings hüte ich mich vor Überforderung und wenn ich Ruhe brauche, nehme ich sie mir. Im Grunde ist allerdings nichts mehr so recht wie es einmal war, es ist halt auf positive Art anders als vor dem Klimakterium.

Einige körperliche Beschwerden sind mir geblieben, die Wichtigste darunter Hitzewallungen, die allerdings zum Glück längst nicht mehr die Intensität haben, wie noch vor einigen Jahren und auch nicht mehr die Häufigkeit. Was nicht heißen soll, dass sie meist auch nach wie vor in den unpassendsten Momenten in Erscheinung treten. Allerdings gewöhne ich mich mehr und mehr an diese Überraschungsauftritte und nehme sie meist mit wesentlich mehr Gelassenheit hin, als noch vor ein paar Jahren.

Mein Weg durch die Wechseljahre mag dramatisch anmuten, doch hat er mich weitergebracht und wie ich meine hat alles was geschieht seinen Sinn.

NACHWORT

Ich wünsche mir, dass in Zukunft der Tenor der Publikationen, über das Klimakterium der Frau, ob nun in Literatur oder Presse, etwas ehrlicher gehalten ist und dem entspricht, was tatsächlich das Klimakterium der Frau und auch des Mannes ausmacht. Ich wünsche Frauen und selbstverständlich auch Männern mehr Mut zu dem zu stehen, was diese Zeit des Wandels mit ihnen anstellt und auch Mut, es ihren Geschlechtsgenoss(inn)en mitzuteilen.

Literaturhinweise

Feldenkrais

Feldenkrais, Moshe: *Bewusstheit durch Bewegung,* **suhrkamp** **Verlag**

Feldenkrais, Moshe: *Das starke Selbst,* **suhrkamp Verlag**

Triebel-Thome, Anna: *FELDENKRAIS - Bewegung - Ein Weg zum Selbst. Einführung in die Methode,* **Gräfe und Unzer-Verlag**

Wildman, Frank: *Feldenkrais - Übungen für jeden Tag,* **Fischer Tb. Verlag**

(Phyto-)Hormone

Kleine-Gunk, Bernd u. Imgrund, Barbara: *Ihr Einkaufsführer Phytoöstrogene. Mit Pflanzen-Hormonen gesund und fit durch die Wechseljahre,* **Haug Sachbuch Verlag**

Schneider, Sylvia: *TATORT FRAU - Der große Hormonschwindel,* **Ueberreuter Verlag**

Homöopathie

Panos, Dr. med. Maesimund B. u. Heimlich, Jane: *Homöopathische Hausapotheke - Alternative Heilmethoden mit natürlichen Arzneimitteln,* Heyne Verlag

Vithoulkas, Georgos: *Medizin der Zukunft,* Georg Wenderoth Verlag

Jin Shin Jyutsu

Burmeister, Alice u. Monte, Tom: *Heilende Berührung - Körper, Seele und Geist mit Jin Shin Jyutsu behandeln,* Knaur MensSana

Fahrnow, Ilse-Maria: *Jin Shin Jyutsu - Die Heilkraft Ihrer Hände - Ein Praxisbuch,* Knaur MensSana Verlag